©Susanne Jura 2010
Der Weltkreis der Mümvattels
1. Auflage 2018, Alexsa-Verlag Berlin
©Herausgeber: Justin Jura
©Vignetten: Susanne Jura
Alle Rechte vorbehalten
ISBN 978-3-947522-33-0

Vignetten: Susanne Jura

Alexsa-Verlag Berlin

Susanne Jura

Der Weltkreis der Mümvattels

1.Kapitel: Mein Freund Lazar ist zurückgekehrt

Kürzlich traf ich meinen alten Freund Lazar. Ich befand mich soeben auf dem Heimweg von meiner ungeliebten Arbeit als Angestellter in einem großen Büro, wo ich den Tag damit verbracht hatte, schier endlose Zahlenreihen abzuschreiben und zusammenzurechnen. Nach dieser stumpfen Tätigkeit war ich besonders erfreut, so unverhofft meinem teuren Freund zu begegnen. Nachdem wir uns ausführlich begrüßt hatten, antwortete er mir auf meine Frage, wo er sich denn die lange Zeit herumgetrieben habe, denn seit mindestens zwei Jahren hatten wir uns nicht mehr gesehen:

„Damals befand ich mich in einer schweren Phase des Grübelns und Haderns mit der ganzen Welt und mit meiner eigenen unerfreulichen Situation, mit der mich herumzuschlagen mich mehr und mehr belastete und schwächte. Mein größtes Problem war das Nichtvorhandensein von Vernunft und Bescheidenheit unter den Menschen, die blinde Gier nach Geld, die alles zu zerstören droht.
Diesen Zustand konnte ich schließlich nicht mehr ertragen, deshalb kehrte ich dieser Welt den Rücken und begab mich auf eine lange Reise in der Hoffnung, irgendwo auf eine vernünftigere Ordnung des Miteinanders der Geschöpfe zu treffen. "An seinem Gesicht und dem gesamten Habitus seiner Person konnte ich erkennen, dass er bei seiner Suche erfolgreich gewesen war, denn so ausgeglichen und

zuversichtlich wie an diesem Tage hatte ich ihn seit unserer unbeschwerten Jugend nicht mehr erlebt. Er begann auch sofort zu berichten, weshalb sich seine Verzweiflung umwandeln konnte in frohe Zuversicht.

„Ich habe die Welt durchwandert und bin schließlich der Vernunft auf die Spur gekommen und nun davon überzeugt, dass es möglich ist, auch hier in unserer Menschenwelt eine freundliche und gerechte Ordnung für alle zu errichten!
Doch ich will der Reihe nach erzählen:

2. Kapitel: Die Reise

Ich reiste durch viele Regionen unseres Erdballs, sah hellen Glanz und große Pracht, aber noch viel größeres Elend und bittere Not, Hunger, Kriege, zerstörte Städte und sterbende Landschaften. Schließlich gelangte ich in eine abgelegene Gegend, ein dichter Wald schien ein verborgenes Land zu umgeben, das für den eilig Vorüberziehenden kaum bemerkbar war.

Ich entschloss mich, dieses Land zu erkunden. Nachdem ich das Dickicht des Waldes durchquert hatte, kam ich auf eine große Lichtung, auf der kleine, seltsam anmutende Wesen emsig bei der Arbeit waren. Manche nicht größer als mein Unterarm, andere halb so groß wie ich.

Sie besaßen unterschiedlich viele Gliedmaßen und unterschieden sich auch in allen anderen Äußerlichkeiten stark voneinander. Sie schienen guter Dinge zu sein, denn sie machten auf mich einen vergnügten Eindruck.

3. Kapitel: Das Sendehaus

Ich näherte mich vorsichtig einer Gruppe von ihnen, die damit beschäftigt war, eine große Grube auszuheben. Sie bedienten sich bei ihrer Arbeit höchst interessanter und zweckmäßiger Hilfsmittel. Es war augenscheinlich, dass ihnen die doch recht schwere Arbeit überhaupt keine Mühe bereitete. Sie waren fröhlich, erzählten einander lustige Geschichten, während ihnen die Arbeit leicht von der Hand ging.

Ich war höchst erstaunt. Weder diese Spezies kleiner Lebewesen noch eine derart ausgereifte und dabei leichte und fast geräuschlose Bautechnik hatte ich jemals gesehen.

Als mich die kleinen Gesellen bemerkten, nickten sie mir zu, wandten sich dann wieder ihrer Beschäftigung zu, während einer von ihnen – er sah aus wie eine fünfstufige Treppe auf sieben dünnen Beinchen, sein Werkzeug – es war wohl ein Messgerät – zur Seite legte, auf mich zukam, mich erfreut mit seinen gelben Augen anschaute und mich im Namen aller anderen begrüßte. Er war keineswegs verwundert über mein plötzliches Erscheinen. „Sie möchten bestimmt den Bauplan für das Sendehaus

sehen. Merdur wird Ihnen alles erläutern." Er winkte einem Mitarbeiter, der den Habitus eines Rades hatte und sich, obwohl er auf keiner Achse steckte, wie ein solches blitzschnell auf uns zu bewegte. Als er herbeigerollt war, balancierte er geschickt auf seiner Lauffläche die Mappe mit den Bauunterlagen. Er legte sie vor mir ab und schlug die erste Seite auf. Sie war bedeckt mit Arabesken und Linien, seltsamen Schriftzeichen und Zahlen.

„Vielen Dank, doch ich komme von weit her und kann Ihre Schrift nicht lesen", erklärte ich ihm, „ich weiß nicht einmal, in welchem Land ich mich befinde. Es wäre schön, wenn Sie mir etwas darüber erzählen könnten."

4. Kapitel: Apparate und Maschinen

Das Rad namens Merdur verstand sofort und entfernte sich genauso schnell, wie es gekommen war. Das Treppenwesen verbeugte sich vor mir und sprach: „Dieses Land ist der Weltkreis der Mümvattels, ich bin Meister Nodas, ich leite diese Baubrigade". Er wies mit einem seiner Beinchen in Richtung Baustelle, „herzlich willkommen bei uns. Ich zeige Ihnen gerne unsere Welt, denn wir haben alles in gemeinsamer Arbeit geschaffen und sind stolz darauf. Auf dieser Baustelle realisieren wir ein Projekt, das erst gestern gegründet wurde. Wir bauen hier unser Sendehaus!"

Er forderte mich auf, mir alles genau anzusehen. Ungefähr zwanzig dieser kleinen Wesen, der Mümvattels, waren hier beschäftigt.

„Mir fällt auf", sagte ich zu ihm, „dass die Arbeiter auf dieser Baustelle, obwohl sie klein sind und eine schwere Arbeit verrichten, sich nicht anstrengen müssen."

Das Bauleiter - Mümvattel trat näher an die Baugrube heran und zeigte auf einen der Apparate, der wie eine große Schnecke aussah und mit dessen Hilfe ein Mümvattel mühelos die abgetragene Erde auf ein Förderband transportierte.

„Wir haben ein Institut, in dem unsere Techniker und Ingenieure ständig damit beschäftigt sind, Apparate und Vorrichtungen zu erfinden, die dazu dienen, schwere Arbeiten zu erleichtern", sprach Meister Nodas, „gibt es denn so etwas bei Ihnen zu Hause nicht?"

„Auch in meinem Land wurden Maschinen gebaut, die die schweren Arbeiten übernahmen, und die Menschen waren froh, nicht mehr so schuften zu müssen. Doch die Fabrikbesitzer merkten bald, dass es weniger Geld kostet, Maschinen arbeiten zu lassen, als Arbeitern ihren wohlverdienten Lohn auszuzahlen. Deshalb kauften sie immer mehr Maschinen und schickten die meisten Arbeiter nach Hause. Den eingesparten Lohn steckten sie sich in die eigene Tasche. So wurden die Besitzer der Maschinen immer reicher, die Arbeitslosen aber immer ärmer. Und weil die Reichen so viel Geld haben, können sie alles bestimmen, die Armen haben nichts zu sagen. Deshalb sagt man bei uns: „Das Geld regiert die Welt–", und ich füge noch hinzu: „–ohne Rücksicht auf die Menschen und die Natur!"

Ich habe meine Heimat verlassen und bin auf der Suche nach einer anderen, gerechten Weltordnung, denn der Zustand der Allmacht des Geldes hat eine große Not und große Unvernunft zur Folge, die die Menschen plagt, ihnen das Leben vergällt und dabei ist, unsere Welt zu zerstören."

Das kleine Wesen machte seine gelben Augen noch größer und entgegnete empört: „Besitzen denn diese Menschen kein Verantwortungsgefühl für ihre Welt und die darin lebenden Menschen? Es ist eine große Ungerechtigkeit und ein großes Unglück, den Menschen die Betätigung wegzunehmen. Für uns Mümvattels ist die nützliche Tätigkeit ein ebenso wichtiges Lebensbedürfnis wie die Freizeitgestaltung

und die Erholung. Niemand möchte darauf
verzichten.

Die Erfindungen unserer Ingenieure dienen lediglich
der Erleichterung der Arbeit, nicht aber der Verdrän-
gung der Mümvattels von ihren Wirkungsstätten."

5. Kapitel: Geld?

„Für die Menschen ist die Arbeit in erster Linie eine
Notwendigkeit, um Geld zu verdienen, denn ohne
Geld kann man bei uns nicht leben. Ein Vergnügen ist
sie deshalb noch lange nicht, denn oftmals ist sie an-
strengend oder langweilig. Doch man muss froh sein,
überhaupt eine Arbeit zu haben."

Das Treppen-Mümvattel holte tief Luft, verschränkte
seine seltsamen Gliedmaßen auf höchst kunstvolle
Weise miteinander und begann:

„In unserem Weltkreis machen wir das anders: Wir verteilen wir notwendigen Arbeiten auf die Schultern aller Bewohner. Dabei wird berücksichtigt, dass jedes Mümvattel ein Individuum ist, und zwar nicht nur in seiner äußeren Erscheinung, sondern vor allem in seinem Wesen, seinem Charakter und seinen Eigenschaften. Jeder entscheidet entsprechend seinen Neigungen und Möglichkeiten selbst, welche Arbeit er verrichten will. Dafür erhalten alle den gleichen Lohn.

„Das klingt ja so, als könnte man nach Lust und Laune arbeiten oder sich davor drücken und trotzdem genauso viel verdienen wie die Fleißigen", warf ich ein, „das ist doch nicht gerecht!"

„Ich meine damit, dass niemand gezwungen ist, eine Aufgabe zu übernehmen, die ihn überfordert oder ihm keine Freude macht. Eine Arbeit wird dann zum Vergnügen, wenn man sie gerne tut. Es gibt natürlich auch Arbeiten, für die sich niemand entscheidet, die werden jeden Monat verlost, und man erhält dafür den doppelten Lohn. So muss kein Mümvattel länger als vier Wochen auf die Tätigkeit verzichten, die ihm Spaß macht. Auf diese Weise lernt man andere Aufgaben kennen, und nicht selten geschieht es, dass ein Mümvattel Freude an dieser neuen Arbeit findet und sie auch weiterhin ausüben möchte."

„Gibt es dann weiterhin den doppelten Lohn?"

„Nein, den zahlen wir nur für die vier Wochen, in denen die Arbeit vielleicht keinen Spaß macht."

„In der Tat, eine interessante Arbeit ist eine echte Lust, das habe ich auch schon erfahren!", rief ich ganz begeistert. „Nach meiner Ausbildung zum Tischler hatte ich großes Glück und fand Arbeit in einer Holzwerkstatt. Ich baute Schaukelpferde, schnitzte Bilderrahmen und dachte mir Spielsachen für Kinder aus. Die Arbeit hat mir so viel Spaß gemacht, dass ich oft nicht gemerkt habe, wie schnell die Zeit verging. Doch das Glück währte nicht lange. Der Meister war alt und übergab die Werkstatt seinem Sohn, der dieses Handwerk unrentabel fand. Ich musste mir eine andere Arbeit suchen, um nicht als armer Mann betteln gehen zu müssen." Das gelbäugige Mümvattel kratzte sich dort, wo ein Mann seinen Bart hätte und sprach:

6. Kapitel: Kapital

„Es gibt Niemanden, der wirklich arm ist. Von Natur aus besitzt jedes Wesen alles, was es für sein Leben braucht, es kommt aber darauf an, diesen Reichtum zu erkennen und zu nutzen. Durch seinen Einsatz wird dieses Kapital es nicht etwa verbraucht, sondern vermehrt."

Das klang wie eine Zauberformel oder ein spitzfindiges Rätsel. Das Mümvattel erriet meinen Gedanken und sprach weiter: „Das Kapital, von dem ich spreche, sind die Eigenschaften und die Besonderheiten jeder Persönlichkeit. Alle Mümvattels haben bereits als kleines Kind gelernt, ihre Stärken zu erkennen und sie im Verlaufe ihrer Jugend trainiert und vervollkommnet, so dass es ihnen nicht schwerfällt, sich für eine der anstehenden Aufgaben zu begeistern und ihren Beitrag freiwillig zu leisten. Die Herausforderung des guten Gelingens, die Erfolg und Anerkennung bringt, ist das Motiv für eine gute Arbeit bei den

Mümvattels. Wir können unsere Fähigkeiten einbringen und wachsen über uns hinaus, wenn wir eine wichtige Aufgabe gut lösen. So werden aus Fachleuten Spezialisten und aus Spezialisten Experten, die ihr Wissen und Können an die folgenden Generationen weitergeben, denn an den Weltkreisprojekten arbeiten stets interessierte Anfänger zusammen mit erfahrenen Mümvattels.

Jedes Mümvattel weiß, dass es ein wesentlicher Teil des gemeinsamen Weltkreises ist, egal, ob es eine hoch qualifizierte oder eine einfache Arbeit verrichtet, denn jede Arbeit ist wichtig und muss gemacht werden."

Nicht nur der Lohn einer Arbeit ist ihr Gewinn, sondern und vor allem der Zuwachs an Lebensqualität."

Ich erinnerte mich an meine schöne Zeit als Holzspielzeugmacher und mir wurde klar, wie Recht der Meister Nodas hatte. Jeden Tag hatte ich neue Ideen, meine Kunstfertigkeit beim Schnitzen und Gestalten war mit jedem neuen Werkstück gewachsen, ich war voller Begeisterung und Elan. Ich schaute weder auf die Arbeitszeit noch auf meinen Stundenlohn, wenn ich nur so lange in der Werkstatt bleiben durfte, bis meine Idee Wirklichkeit geworden war! Ich war glücklich!

Mein Persönlichkeitskapital war wohl die Liebe zum Holz, meine starken Hände, meine Geduld beim Schnitzen, meine Phantasie beim Erfinden lustiger Formen und Patente und meine Begeisterung, wenn ich sah, mit welcher Freude

meine Spieldinge von den Kindern in Empfang ge-
nommen wurden.

Nun verstand ich auch, warum mir andere Arbeiten so wenig Spaß ge-macht haben. Mein Kapital war dort nicht vonnöten, und was für diese Arbeiten gebraucht wurde,
hatte ich nicht zu bieten.

7. Kapitel: Der Weltkreis

„Die Arbeit und der Arbeiter müssen zusammenpas-sen", sagte ich.

„Genauso denken wir auch. Bei uns gibt es vielfälti-ge Betätigungsmöglichkeiten für alle Mümvattels, jeder kann eine Arbeit finden, die zu ihm passt. Un-ser Weltkreis ist so angelegt, dass alle lebenswichti-gen Bereiche bedacht und in seine Planung einbezo-gen worden sind. Es gibt Projekte für eine Brotfabrik, in der natürlich auch Kuchen und Plätzchen gebacken werden, Obst- und Gemüsegärten, einen Klamotten-laden, einen Baubetrieb, Kindergärten,

Schulen, Werkstätten für die Herstellung verschiedenster Gegenstände und für die Ausbildung von jungen Mümvattels zu Fachleuten, eine Universität für die klügsten unter ihnen, eine Poliklinik, ein Sendehaus, eine Bibliothek, einen Musiktempel, ein Sportforum und natürlich auch ein Ferienhaus für die Erholung."

„Was passiert aber, wenn es einem Mümvattel einmal schlecht geht, es nicht arbeiten kann oder möchte?" „Natürlich haben wir ein Gesundheitswesen für körperliche Krankheiten. Jeder wird so lange betreut, bis er wieder gesund ist. Wenn jedoch Probleme der Seele oder des Lebens auftreten, sind alle Mümvattels zur Hilfe aufgerufen.

Wer sich in der Lage fühlt zu helfen, bietet seine Unterstützung an, und es wird solange beraten, bis eine Lösung für das Problem gefunden ist. In dieser Zeit der Problembewältigung sind die beratenden und das betroffene Mümvattel von der Arbeit befreit, denn wenn Kummer auf einer Seele lastet, kann keine gute Arbeit verrichtet werden."

8. Kapitel: Projekte

„Und wer entscheidet, wann mit der Arbeit an einem Projekt begonnen wird und wer sie leitet?", fragte ich weiter. „Die Gründung und die Realisierung eines jeden Vorhabens bedarf spezieller Kenntnisse und Fähigkeiten, deshalb muss ein Mümvattel, das ein Projekt gründen und seinen Aufbau leiten möchte, bestimmte Voraussetzungen erfüllen und auch die Mümvattels, die daran mitarbeiten, müssen für diese Aufgabe geeignet sein. Darüber entscheiden ausschließlich die Potenzen ihrer Persönlichkeit, die sich mit jeder erfolgreichen Aktion im Dienst der Gemeinschaft entwickeln und stärken. Wenn also ein Mümvattel einmal für eine Beteiligung an einem Projekt abgelehnt wurde, weil es nicht die erforderlichen Voraussetzungen mitbrachte, kann es sich bei der nächsten Gelegenheit wieder bewerben oder seine Mitarbeit bei einem anderen Vorhaben anbieten, das vielleicht besser zu seiner Persönlichkeit passt, denn es befinden sich meist mehrere Vorhaben gleichzeitig im Bau.

9. Kapitel: Der Lohn

Noch eine wichtige Frage wollte ich beantwortet haben: „In welcher Form erhalten die Mümvattels ihren Arbeitslohn?"

„Das machen wir so: Wir teilen den Erlös aller Arbeiten in drei gleichgroße Teile. Das erste Drittel verwenden wir für das Allgemeinwesen, also für die Poliklinik, den Kindergarten, die Schule und so weiter, das zweite Drittel bekommen alle Mümvattels zu gleichen Teilen ausgezahlt. Das dritte Drittel ist die Weltkreisreserve für unvorhergesehene Ausgaben und den Lohnzuschuss für unfreiwillige Arbeiten.
Diese Art der Entlohnung finden wir gerecht, denn auf diese Weise trägt jeder einzelne zum eigenen und zum Vermögen aller bei." schloss mein Gastgeber seine Ausführungen, als ein anderes kleines Wesen, das aussah wie eine bauchige Blumenvase, auf uns zukam, einen kleinen Knicks zur Begrüßung in meine Richtung vollführte und sich dann mit folgenden Worten an das Treppen-Mümvattel wandte: „Meister Nodas, wenn du möchtest, löse ich dich bei der Betreuung unseres Gastes ab, damit du deine angefangene Arbeit beenden kannst."

„Das ist gut, Maneula, so schaffe ich es noch, die Messungen abzuschließen. Kümmere dich gut um unseren Gast, er hat viele Fragen, denn in seiner Welt steht es um viele Dinge nicht gut und ich glaube, er möchte einige unserer Ideen und

Erfahrungen mit nach Hause zu den Menschen nehmen."

Damit verabschiedete sich Meister Nodas von mir und ging zurück an seine Arbeit.

10. Kapitel: Maneula

Das Blumenvasen-Mümvattel hatte sehr ausdrucksvolle hellblaue Augen mit langen seidigen Wimpern, man sah sofort, dass es ein Mädchen war. Ihr Körper war glänzend weiß glasiert und mit roten und orangefarbenen Wellenlinien verziert, ihre Frisur war mit einem Ring aus Kupfer zusammengehalten.

Sie schaute mich schelmisch an und wartete geduldig ab, bis ich mich an ihrer ungewöhnlichen Erscheinung satt gesehen hatte.
Als ich endlich meine Sprache wiedergefunden hatte, fragte ich sie: „Sind Sie auch am Bau des Sendehauses beteiligt?"
Ihre Antwort überraschte mich nicht, denn ich hatte den Eindruck, eine sehr kluge Person vor mir zu

haben. Sie sagte: „Ich habe dieses Projekt gegründet, nachdem ich mein Studium der Musik- und Kommunikationswissenschaft abgeschlossen hatte. Ich werde den Aufbau des Sendehauses leiten und möchte erreichen, dass gute Rundfunkprogramme gesendet werden können. Wir wollen Filme zeigen und die neuen Nachrichten bekannt geben. Musikalische Mümvattels können sich an den Musiksendungen beteiligen, indem sie selbst Musik spielen oder andere Musiker vorstellen. Für die Kinder soll es eine feste Sendezeit geben, die sie selbst gestalten, und wir werden die Meldungen der Mitmümvattels verbreiten, die um Hilfe oder Unterstützung bitten. Bisher besteht unsere Arbeitsgruppe aus Meister Nodas und den Fachleuten seiner Werkstatt, die das Gebäude nach meinen Plänen errichten werden. Später brauchen wir noch Tontechniker und Redakteure mit vielen guten Ideen für alle Programmbereiche.“

Sie sprach schnell und voller Begeisterung, ich konnte spüren, wie sehr ihr dieses Vorhaben am Herzen lag.

11. Kapitel: Mümvattelkinder

Ich fragte sie, ob es noch andere Weltkreisprojekte gäbe. „Natürlich! Vier von ihnen sind bereits fertig gestellt und eröffnet! Sie müssen sich unbedingt die Kinderhäuser ansehen! Da ist zum einen die Schule:

Die Kinder gehen sehr gerne hin, weil unsere Lehrer-Mümvattels klug, freundlich und geduldig sind und jedes Kind für interessante Themen begeistern können. Die Schulhäuser gefallen den Kindern, weil jeder Raum anders gestaltet ist und zum Thema der

Stunde passt. Sie haben verrückte dreieckige und schiefe Fenster und Türen, die nie zugeschlossen werden, so dass sich jedes Kind auch am Nachmittag dort aufhalten und sich mit seinen Freunden treffen kann. Auch der Kindergarten ist fertig", erzählte sie weiter, „es gibt ein großes Haus für die Kleinsten, die den meisten Platz brauchen zum Umherrollen und Purzelbäume schlagen. Die Größeren haben die Zimmerwände bemalt, die ganze Mümvattelwelt findet man dort, so, wie die Kinder sie sehen. Das ist wunderschön!

Ein anderes Haus ist für die Kinder, die bald zur Schule kommen, es ist ein Studio, in dem gezeichnet und gemalt, musiziert, getanzt und Theater gespielt werden kann. Es gibt auch ein Labor zum Forschen und Experimentieren, im Sportforum finden Turnen,

Athletik und Akrobatik statt. Zum Toben und Spielen gehen alle Kinder nach draußen, auch bei Regen und Schnee macht ihnen das Spielen in frischer Luft Vergnügen. Dann gibt es noch ein Schlafhaus, dorthin kann sich jedes Kind zurückziehen, wenn es müde ist und Ruhe braucht."

Sie hatte sich ganz heiß geredet und musste sich erst einmal verschnaufen. Ich war auch ganz beeindruckt von den Weltkreisprojekten, am meisten erstaunte mich jedoch die Begeisterung, mit der diese kleinen Wesen bei ihrer Sache waren.

12. Kapitel: Feierabend

Inzwischen war es Abend geworden, die Baumümvattels hatten längst ihre Arbeit beendet und waren nach Hause gegangen. Bestimmt wurde auch Maneula von ihrer Familie erwartet.

„Vielen Dank für die vielen interessanten Informationen", sagte ich. „Am liebsten möchte ich mir all das heute noch ansehen, aber es ist spät, Sie müssen nach Hause." Ich wollte mich verabschieden, doch sie fiel mir ins Wort: „Sie werden sich morgen alles ansehen. Wissen Sie denn schon, wo Sie wohnen werden?" Darüber hatte ich noch nicht nachgedacht, ich war es inzwischen gewöhnt, im Freien und ohne Komfort zu nächtigen. Wahrscheinlich hätte ich mir im Wald einen Schlafplatz gesucht. Sie wartete meine Antwort gar nicht ab und erklärte mir:

„Sie sind unser Gast und werden natürlich im Rathaus wohnen, solange es Ihnen bei uns gefällt. Dort befinden sich unsere Gästezimmer, das Essen gibt es in der Kantine, ich erwarte Sie morgen nach dem Frühstück auf meiner Baustelle."

Da gab es keine Widerrede, sie begleitete mich bis vor die Tür. Ich bekam ein schmackhaftes Abendbrot und den Schlüssel für ein gemütliches Zimmerchen unter dem Dach. Ich war glücklich, nach langer Zeit wieder in einem richtigen Bett schlafen zu können, auch wenn es ein bisschen zu kurz war.

13. Kapitel: Der zweite Tag

Der nächste Tag begann mit einem kräftigen Mümvattel-Frühstück. Ich ahnte jedoch noch nicht, dass ich in den nächsten Wochen und Monaten jeden Morgen in diesen Genuss kommen würde.

Gut ausgeschlafen und gestärkt machte ich mich auf den Weg. Die Mümvattels waren bereits wieder bei der Arbeit. Nachdem mir das Blumenvasen - Mümvattel die Pläne für das Sendehaus gezeigt und erläutert hatte, besuchten wir die Kinderhäuser. Es war schön, zu sehen, wie fröhlich und ausgelassen die Mümvattelkinder spielten, aber auch ganz konzentriert bei der Sache waren, wenn es hieß, eine Aufgabe zu lösen. Selbst die kleinsten von ihnen beteiligten sich spielerisch daran.

Für den Nachmittag hatte ich eine Einladung in die Werkstatt von Meister Nodas. Ich war schon sehr gespannt und hoffte insgeheim, dass es auch einen Bereich für die Holzbearbeitung zu besuchen gäbe.

Der Meister begrüßte mich freundlich, bewirtete mich mit Plätzchen und Tee, und dann ging die Begehung los. Zuerst betraten wir die Bauabteilung, in der zu dieser Zeit alles vorbereitet wurde für den Bau des Sendehauses. Die Bauteile wurden bereits so perfekt vorgefertigt, dass sie an Ort und Stelle nur noch montiert zu werden brauchten.

Dann gelangten wir in die Werkstatt für die Metallbearbeitung, Meister Nodas erläuterte mir ausführlich jeden Arbeitsplatz, doch der Duft nach frischem Holz, der aus einer halboffenen Tür strömte, fesselte meine Aufmerksamkeit.

14. Kapitel: Holzpflanzen

Ich fühlte mich magisch zu dieser Tür hingezogen, wollte schauen, was sich dahinter verbirgt, doch ich wagte nicht, mich den Ausführungen des Meisters zu entziehen. Zum Glück sind Mümvattels sehr empfindsame und aufmerksame Wesen, Meister Nodas

entging mein Interesse für den angrenzenden Raum nicht. Er kürzte die Besichtigung der Metallwerkstatt ab und führte mich endlich in den Holzbereich. Ich hatte mir eine Tischlerwerkstatt mit Hobelmaschine, Drechselbank, Kreis-, Stich- und Bandsäge vorgestellt, doch an das, was ich hier vorfand, mussten sich meine Augen erst gewöhnen: Ich befand mich in einem riesigen Glashaus – in dem sich ein Garten voller ungewöhnlicher Pflanzen befand. Es duftete betörend nach verschiedenen Holzarten, doch die dazugehörigen Bäume konnte ich nirgends entdecken, dafür aber hoch aufgeschossene grüne, orangefarbene und schwarze Stängel ohne Seitentriebe und Blätter. Andere Pflanzen waren grün und wuchsen wie Schachtelhalm: Gerader Stamm, dann im Kreis um ihn herum fünf oder sechs gerade Äste, dann wieder ein gerader Stamm, etwas dünner, dann wieder eine Rosette Äste und so weiter bis in eine Höhe von circa zehn Metern. Ich sah große Pflanzen, die nur aus Blättern bestanden, ähnlich den Blättern des mir bekannten Farnkrautes, jedoch viel größer. Ich war erinnert an einen urzeitlichen Braunkohlewald. Wieder schien mein Begleiter meine Gedanken zu erraten, denn er sagte: „In unserem Waldgarten wachsen die Urformen verschiedener Holzpflanzen. Wir verändern sie nicht, denn so sind sie am kräftigsten. Aus den Farnblättern flechten die Pavillonbauer die Seitenwände dieser federleichten Bauwerke, aus den verschiedenfarbigen Stangen errichten unsere Zimmerleute Dachstühle, auch schneiden wir astlose Bretter daraus, die für den Bau von Möbeln verwendet werden und nicht angestrichen, sondern mit Ornamenten oder Bildern bemalt werden. Die Schachtelhalmsegmente sind äußerst stabil und dabei höchst elastisch, wir setzen sie für den Bau von Brücken, Masten und hohen Bauwerken ein."

15. Kapitel: Spielzeug!

Wir wanderten weiter durch dieses interessante Gewächshaus. Nun sah ich kleinere Pflanzen mit kräftigen, gewundenen Stämmen mit schuppiger Rinde in den Farben gelb, lila und dunkelblau, daneben filigrane Gebilde aus tausend Ästchen und Zweigen. Dazwischen standen flache Kugeln, die Kakteen ähnelten, aber nach Holz dufteten und ohne Stacheln waren, es gab auch gurken- und birnenförmige Gewächse, schön gemasert und mit einer glatten Oberfläche, als wären sie geschliffen und poliert.

„Aus diesem Holz könnte man Spielzeug machen", rief ich und strich mit der Hand über eine Kugel, „ich habe schon eine Idee!"

„Pflücken Sie sie und probieren Sie es", flüsterte Meister Nodas, „diese Kugel wartet schon darauf, eine Bestimmung zu bekommen." Er blinzelte mich aufmunternd aus seinen gelben Augen an und wies mit einem Beinchen auf die Kugelholzpflanze.

Vorsichtig löste ich die Holzkugel von dem kleinen Stamm, auf dem noch weitere Früchte ihrer Art wuchsen und befühlte sie. Ich rollte sie in meinen Händen hin und her und war erstaunt, wie leicht und wie fest sie doch war.
Meister Nodas führte mich aus dem Garten heraus und durch einige Werksträume in ein kleines Kabinett, in dem eine Schnitzbank und all das Werkzeug vorhanden war, das ein Holzspielzeugmacher braucht.

In diesem Moment wurde mir klar, dass ich den Weltkreis der Mümvattels nicht so bald verlassen würde.

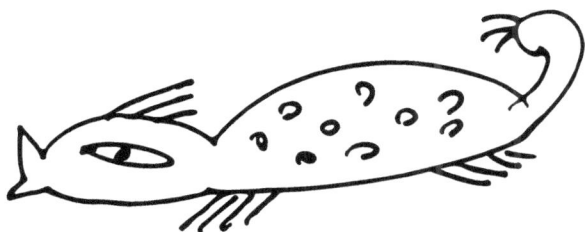

16. Kapitel: Rückkehr

„Jetzt verstehe ich, warum ich dich so lange nicht gesehen habe!", rief ich. „Ganze zwei Jahre bist du dort gewesen und hast Spielzeug für die Mümvattelkinder gemacht. Nun bist du zurückgekehrt. Brauchen die kleinen Mümvattels nun keine Spielsachen mehr oder hast du Heimweh bekommen nach unserer Welt?"

„Ich wäre gerne noch geblieben, das kannst du mir glauben, doch eines Tages wurde mir klar, dass ich wahrscheinlich der einzige Mensch bin, der den Weltkreis der Mümvattels kennengelernt hat. Während ich bereits in einer gerechten und freundlichen Weltordnung lebte, war hier auf der Erde alles noch so, wie es nicht sein soll.

War ich nicht ausgezogen, um eine bessere Welt zu suchen? Ich hatte sie doch gefunden! Also musste ich zurückkommen und den Menschen von meiner Entdeckung berichten."

„Da hast du Recht. Ich habe auch schon eine Idee, auf welche Weise du den Menschen die Lebensweisheiten der Mümvattels erklären kannst.

„Das ist sehr gut", er schaute mich erleichtert an. „Ich habe auf der Heimreise unentwegt darüber nachgedacht, wie mir das gelingen könnte. Es ist so schwer, die Aufmerksamkeit der Menschen zu gewinnen. Viele glauben, sie wüssten bereits alles und hören deswegen gar nicht richtig zu. Andere meinen, man könne ohnehin nichts ändern und machen sich nicht die Mühe, über neue Ideen nachzudenken. Darum hatte ich die Befürchtung, es könnte mir mit meinen Botschaften genauso gehen. Niemand wird sich dafür interessieren!
Welche Idee hast du?"

17. Kapitel: MiniPilo

„Wir nehmen uns die Mümvattels zum Vorbild und setzen die Triebkraft ein, die sie in ihrem Weltkreis so erfolgreich nutzen: Die Freude an einer Tätigkeit, die Spaß macht! Für die Mümvattels könnte das eine interessante Arbeit sein. Für die Menschen? Ein Spiel! Lass uns ein Spiel erfinden, in dem wir die erstaunlich einfache und vernünftige Lebensweise der klugen Mümvattels weitererzählen. Das Spiel muss spannend, lustig und kurzweilig sein, damit die Spieler unsere Welt aus einer anderen Perspektive betrachten und endlich Mut fassen, sich gegen Unvernunft und Ungerechtigkeit einzusetzen."

„Ja, wir werden dieses Spiel erfinden", rief Lazar, „und ich habe auch schon einen passenden Namen dafür: Wir werden es ‚MiniPilo' nennen, denn der Weltkreis der Mümvattels scheint sich genau anders herum zu drehen als unsere Welt, in der im Moment noch MonoPoli gespielt wird, ein Spiel, in dem es nur ums Geld geht.

Schluss mit der
Allmacht
des
Geldes!"

18. Kapitel: Sieben Wunder

Das Geheimnis der besonderen Lebenskraft der Mümvattels gründet sich aus Sieben Weltkreis-Wundern:

1. Das Leben im Weltkreis der Mümvattels ist schön.

2. Die Mümvattels kommunizieren, diskutieren und lachen miteinander.

3. Jeder Bewohner des Weltkreises ist ein gleichberechtigter Teil der solidarischen Gemeinschaft.

4. Alle beteiligen sich an der Arbeit. Man entscheidet selbst, auf welche Weise man sich einbringen kann und möchte.

5. Das Kapital eines Jeden sind seine persönlichen Stärken und Begabungen, ihr Einsatz für die Gemeinschaft stärkt sie und bereichert das Leben.

6. Durch die Arbeit im Weltkreis werden die Talente seiner Bewohner gefördert, sie entwickeln sich zu Fachleuten, Spezialisten und Experten.

7. Alle Tätigkeiten der Weltkreisbewohner sind gleich wichtig und gleich wertvoll. Jedem Mümvattel (auch den Kindern) gehört der gleiche Anteil an den Früchten der Arbeit.

19. Kapitel. Wir erfinden das Spiel!

Wir machten uns mit Feuereifer an die Arbeit.

Den Titel hatten wir ja schon, nun den Untertitel:

Die Mümvattels erbauen ihren Weltkreis

Im Spiel schlüpfen die Mitspieler in die Rolle der Mümvattels und erbauen ihren Weltkreis, indem sie Projekte gründen, sie fertig stellen und einander mit Rat und Tat zur Seite stehen, genauso, wie Lazar es in der anderen Welt erlebt und erfahren hatte:

1. Weltkreiswunder:

Um dem ersten Weltkreis-Wunder gerecht zu werden, muss unser Spiel schön werden, also Spaß machen und gut gestaltet sein. Wir glauben, dass uns das uns gelungen ist.

2. Weltkreiswunder:

Für die Freude am Kommunizieren, Diskutieren und Lachen gibt es die roten Aktionskarten, die immer dann ins Spiel kommen, wenn keine gelbe oder grüne Aktion möglich ist. Dann werden Vorschläge zu Problemlösungen erbeten, Witze, lustige und ernste Sachen erzählt oder Ideen für alle möglichen Lebenslagen vorgeschlagen und diskutiert.

3. Weltkreiswunder:

Der Würfel ist unbestechlich und entscheidet ohne Ansehen der Person über den nächsten Spielzug.

4. Weltkreiswunder:

Egal ob GRÜN, GELB oder ROT, es gibt meistens mehrere Möglichkeiten, man muss sich entscheiden. Manchmal muss man sich beeilen, wenn man mitreden möchte, wenn man aber nichts zu sagen hat, kann man auch ganz ruhig bleiben.

5. Weltkreiswunder:

Jedes Mümvattel ist ein Individuum und bleibt es während des gesamten Spieles. Seine Fähigkeiten und Eigenschaften (P-Karten) bekommt jeder Mitspieler aus einem gut gemischten Stapel von 30 P-Karten am Anfang des Spieles, das ist sein Persönlichkeitsprofil. Indem man eine davon bei einer Aktion einsetzt, entwickelt man sich weiter, entweder durch

- einen Schritt auf der sozialen Rennstrecke, (rote Aktion) oder
- einen Gewinn an Lebensfreude und Glück (L-Karte) (grüne und gelbe Aktion)

6. Weltkreis-Wunder:

Am Schluss des Spieles zeigt sich, wie uns das Leben im Weltkreis die Mümvattels geprägt hat. Das Persönlichkeitsprofil der Mitspieler (Kartenfächer auf der Hand) hat sich verändert. Bestimmte Karten-Kombinationen weisen sie als Fachleute, Spezialisten oder Experten aus, Talente werden sichtbar. Dazu kommen die Schritte auf der Rennstrecke, die die soziale Reife dokumentieren.

7. Weltkreiswunder:

Es gibt zwar einen Sieger nach Punkten, Gewonnen haben aber Alle:

Einen Zuwachs an persönlichem Fähigkeiten und natürlich ihren Weltkreis, auf dem sie gemeinsam froh
und glücklich leben werden.

Und welches ist das größte Weltkreis-Wunder?

In
dieser
Mümvattel-Welt
gibt
es
keine
Verlierer!

Susanne Jura, Jahrgang 1956, schreibt Kurzgeschichten und unkonventionelle Märchen, in denen sie alltagsphilosophische Momente aufspürt und auch vor großen Fragen der Menschheit nicht zurückschreckt.

Die Idee für die Mümvattelgeschichte entstand aus der Verzweiflung der Autorin über die Unvernunft der Menschen und die Allmacht des Geldes in unserer Welt.

ebenfalls im ALEXSA-VERLAG erhältlich:

MiniPilo
Das Spiel zum Buch

www.alexsa-verlag.de